JN419546

# 성냥은 상냥과 다르지만

**김령**

전라남도 고흥에서 태어났다.

2017년 『시와 경계』를 통해 시인으로 등단했다.

시집 『어떤 돌은 밤에 웃는다』 『성냥은 상냥과 다르지만』을 썼다.

파란시선 0168 성냥은 상냥과 다르지만

1판 1쇄 펴낸날 2025년 10월 30일
지은이 김령
인쇄인 (주)두경 정지오
디자인 이다경
펴낸이 채상우
펴낸곳 (주)함께하는출판그룹파란
등록번호 제2015-000068호
등록일자 2015년 9월 15일
주소 (10387) 경기도 고양시 일산서구 중앙로 1455 대우시티프라자 B1 202-1호
전화 031-919-4288
팩스 031-919-4287
모바일팩스 0504-441-3439
이메일 bookparan2015@hanmail.net

ⓒ김령, 2025, printed in Seoul, Korea

ISBN 979-11-94799-16-0 03810

값 12,000원

*이 책 내용의 전부 또는 일부를 재사용하려면 반드시 저작권자와 (주)함께하는출판그룹
파란 양측의 동의를 받아야 합니다.
*잘못된 책은 바꾸어 드립니다.
*지은이와의 협의 하에 인지는 생략합니다.
*이 책은 🏛광주광역시 🏛광주문화재단 의 지역문화예술육성지원사업으로 지원받아 발간되었습니다.

# 성냥은 상냥과 다르지만

김령 시집

시인의 말

그 모든 날을 지나와

어쨌든 살아남은

나에게

그리고 당신에게

# 차례

제1부

# 여름

독당근 맨드레이크 피마자 미치광이풀 옻나무 노란각시
버섯 무당버섯 애광대버섯

자신을 지키기 위해 독을 품은 것들

란타나 히아신스 히간바나 수선화 은방울꽃 극낙조화 로
벨리아

아무도 스스로 이름을 짓지 않지만 저마다 이름을 등에
지고 산다

# 성냥을 사야 할까

—

성냥은 상냥과 다르지만 성냥을 갖고 싶다

육각형 통 안에 진달랫빛 머리를 나란히 모으고

빽빽하게 몰려 있는 성냥 간절한 얼굴로 몰려 있는 성냥,
성냥을 갖고 싶다 미치도록

성냥을 발음하는 순간 가슴이 뛴다

핑크빛 아름다운 얼굴에 웃는 모습이 보고 싶어 기어이
불을 붙일까 아니야 상상하지 마 더 이상

상상하는 것은 현실이 될 테니

달콤한 입술을 부딪쳐 불을 낳는 상상 그 불길이 혀를 날름
거리며 집을 삼키는 상상은 제발 그만둬

사라지기 직전 찬란히 빛나는 왕관 모습의 불길을 최초의
입맞춤을 상상하지 마

—

성냥, 그 상큼한 발음에 매혹되지 마 독을 품은 것들 아름
다운 것들에 눈길 주지 마

도망쳐, 계속

# 겹잎

흰 발목을 내놓고
팔짱을 낀 연인들을 보며 너는 말했지

난 다시 젊은 날로 돌아가고 싶지 않아

둘씩 다섯씩 다정한 카페
웃음이 부스러기처럼 쌓인다

교복 차림 아이들은 무거운 가방을 메고
화르르르 계단을 오른다

파비안느 아무르강 가을 파랑 보이저
어떤 말은 소리만으로 노래가 되고

노래는 날아가 나무에 앉는다

다시 태어난다면 다시 태어나야 한다면
나무로 태어나고 싶어

너는 물결처럼 말한다

14

풍랑 속 조타수처럼
사력을 다했나 봐

호수 속 한나절의 항해
어느 쪽이든 상관없듯

있지도 않은 목적지를 향해
너무 오래 애쓰며 살아왔나 봐

바람은 불고 꽃은 다시 지는데

# 미니 달

—

나에게 등을 보이지 마요

앞뒤를 바꿔 입은 점퍼처럼
당신은 앞모습도 뒷모습도 낯선 사람

조도가 낮은 빛
비추고 있으나 온기는 없는

당신의 눈빛 그 표정
익숙해요

기억인지 환상인지
나는 구별할 수 없어요

눈을 마주치면
슬그머니 고개를 돌리는 고양이

발부리를 걷어차는 돌멩이나
옷장 속 낡은 스웨터

—

어딘가에 몸을 바꾸어 있는지                                                                           —

안개 낀 아침 숲
나를 뒤쫓던 시선이 당신이었나

쫓기는 꿈속 발걸음처럼 느린
같은 극성을 띤 우리

*미니 달: 지름이 약 10m인 소행성 '2024 PT5'는 2024년 9월 29일부터
11월 25일까지 지구 주변을 돌다 먼 우주로 튕겨 나갔다. 2055년 11월
지구 궤도로 돌아올 예정이다.

# 숲속에 누군가 있었네

확실히 나는
먼지로 돌아가겠구나

애써 되살린 옛길을
먼지들은 금세 덮을 것이다

연리지 위를 오르는 산다람쥐
길 위를 걷는 나도

코끼리새와 큰뿔사슴처럼

호모 하빌리스가 그러했듯
호모 에르가스터가 그러했듯

아직 불어오지 않은 바람아
아직 태어나지 않은 아이야

너도 먼지로 돌아가겠구나

어둠이 바위를 물들이는 동안

한생을 다 살고 난 나는

오, 아직 태어나지 않은 셈 치고!

# 방시(傍視)

—

습기에 젖은 몸이 부드러워집니다 무너진다고 하지 않고 부드러워짐을 고수합니다 어깨를 꼿꼿이 하고 각지고 날렵한 표정의 뒷모습이 내게도 있었습니다 있었겠지요 아마도 있었을 겁니다

며칠째 내리는 비 나뒹구는 박스처럼 형체를 잃어버린 마음을 보듬어 일으켜 세웁니다 세우려 노력합니다 세우고 싶습니다 나도

*걱정돼서 연락합니다 이 방에 초대된 사람 중 투자한 사람은 한 달 만에 평균 18.1프로 수익을 거두었습니다 더 늦기 전에 입장하세요*

걱정돼서라는 말이 고마워서 스팸 신고 버튼을 미룹니다 거품을 물고 돌아가는 세탁조 속 빨래가 차라리 되고 싶습니다

몸을 바꾸어 다시 태어난다면 우리에게 아니 내게

— 그러나 다시,는 없겠지요 없을 거예요 없었으면 합니다

나는 지금 일단 당신 눈에 띄고 싶지 않아요

검은 물체가 휙 추락합니다 가슴이 덜컹 내려앉습니다 놀란 마음을 지그시 누르고 보니 한 마리 새, 새는 튕겨지듯 빠르게 솟구칩니다

추락한 마음은 제자리로 돌아올 줄 모르고 잇몸에 겨우 달린 이처럼 위태롭습니다

항복해야 할 적당한 때를 모르겠습니다 결정을 못 내린 것도 아니면서 길을 잃는 일이 잦습니다

죽은 자만이 언제까지나 열일곱입니다

## 없는 사람

— 　그는 없는 사람이다 없는 사람이므로 그는 나쁜 사람일 수
없다

　그는 슬픈 사람이 아니다 없는 사람이므로
　그는 아프지 않다 괜찮네 좋으네, 썩

　바람이 지나가는 골목을 알고 있다 그 골목엔 언제나 바
람이 분다 높게 낮게 그러므로 바람을 살짝 데리고 들어가
도 누구의 눈에도 띄지 않는다 그가 사랑했던 바람

　그늘이 처음부터 형체를 갖지 않았는지는 알 수 없다 그
러나 그늘이 그늘을 사랑하는 건 분명하다

　흥얼거리며 허밍으로 한 사람이 노래를 부르며 온다 노래를
부르는데 들어줄 사람이 없다

　모여 있는 비둘기, 모여 있는 사람들, 몰려 있는 것들은 쓸쓸
하다

— 　나는 무해함을 믿지 않아요 그건 마치 동그란 사각형이나

검은 눈처럼 상상하기 어려운걸요

바람이 불자 연두색 나뭇잎들이 보채듯 몸을 뒤집는다

당신은 노래를 하나요 당신은 얼마나 멀리 갔나요

# 산다

1.

첫눈이 왔다
온다는 말이 사무치다

이상도 하지 쉬는 날 아침
새벽에 눈을 뜨고 말끔한 정신으로

커피를 내리고
찻잔을 잡는 오른손을
왼손이 가만 쥐어 본다

우에무라 나오미를 마음에 담았지만
라인홀트 메스너를 좋아한다

살아남는 일, 오로지
살아남는 일

2.

어젯밤 꿈에 당신이 다녀갔다
이제 나는 낮과 밤의 간극이 없다

말을 타고 한참 달리다 멈춰 서
자신의 영혼을 기다리는 인디언처럼

꿈은 언제나 한 계절씩 늦었다

너무 외로워서 잎을
떠나보낼 수밖에 없는 나무처럼

밤의 행성들 사이에 서 있다

질량이 별의 운명을 결정한다


*우에무라 나오미: 일본인 최초로 에베레스트 정상 등정. 1984년 북미
매킨리 등정 후 하산길에 실종.
*라인홀트 매스너: 이탈리아 산악인. 최초로 히말라야 팔천 미터급 무산
소 단독 등정. 현재 생존.

# 장미 혹은 장마

—

　필사적으로 살았어 웃기지 않아? 살아남기로 다짐해야 한다는 거 사는 데 애를 써야 한다는 거 날아오는 공을 피하지 않고 어디서 날아오나 저 공은 왜 내게 날아오나 둥근 궤적의 아름다움에 마음을 빼앗긴 사이 코피가 터진다 너무 생각이 많았지 생각이 많아진 이유를 골똘히 생각하다 골똘함이 좋아서 생각은 생각을 거듭한다 산에 풀이 자라듯 들에 꽃이 피듯 살 수도 있지 않았을까 골똘한 사이 먼 데서 몇 개의 빗방울이 날아온다 어떤 일들은 행동이 먼저 있고 생각이 뒤를 따른다 바람이 불어오는데 오른손에 짐이 있어 왼손으로 머리를 쓸어넘기듯 사소하고 사소한 결정들이 운명을 만들지 물푸레나무 백일홍 백합 우레 울음 이름과 닮은 것들 이름이 주는 위안을 떠올린다 오늘을 견디지 못해서 오늘을 더는 버티기 힘들어서 이후만을 얘기한다 첫번째 빗방울을 따라 수억의 빗방울이 몰려온다

—

# 흰 밤

엿 먹을 거냐고? 고마워 잘 먹을게 근데 도무지 이해가 안
돼 상대방도 그렇겠지 어떤 사람은 너무 범주를 벗어나서
이해하려는 노력이 오히려 오류를 범하기도 한다잖아 사이
코패스나 성격이상자들? 그래도 노력하면 이해가 되는 것
도 있어 식기 건조대 수저통에 매번 젓가락 입이 닿는 부분
을 아래로 가게 한다든지 프라이팬을 닦은 키친타월을 싱
크대에 버린다든지, 그게 이해가 된다고? 누군가 그러는 거
야 입에 넣는 부분을 손으로 잡게 될까 봐 거꾸로 넣는 거라
고 키친타월을 싱크대에 버리는 건 어차피 설거지는 자기
일이 아니니까 두 번 손이 가는 건 상관없는 거지 더 화가
나는 건 아니고? 용납할 수는 없어도 이해는 되니까 난 그
러는 네가 더 이해가 안 되는데? 내 눈에 보이는 빨간색이
네 눈에도 똑같이 보이는지 우리는 알 수 없겠지, 다른 사람
을 이해하는 건 영영 불가능하겠지 하물며 개나 고양이를
이해한다는 건……. 아니야 그래서 절망스러운 건 아냐 가
끔 이렇게 나란히 앉아 있는 것만으로도 위로가 된다니까
근데 아직도 꿈속인 거야? 아까 일어났는데 이것도 꿈속이
라고? 들켰네! 그냥 가끔 이런 밤이면 포털에 내 이름을 검
색해 보곤 해

# 제 그림자를 보고 짖는 개

―

　그러지 마 핑계가 필요했던 것뿐이야

　이제 그만 미워해도 되겠어

　왼쪽에서 깜박 잊었다는 듯 바람이 분다 바람은 항상 불고
옮겨 다니지

　오른쪽에서 바람이 분다 왼 것과 옳은 것 사이에서 망설
이는 시간이 길어진다

　원피스의 두 번째 단추가 달랑거린다 다시 벗고 단추를
달아야 하나 약속 시간에 늦을 수도 있는데

　옷을 벗는 시간 반짇고리를 꺼내 바늘에 실을 꿰는 시간
실이 어긋나는 시간 또 어긋나는 시간을 계산하며 망설인다
이미 약속엔 늦었다 늦어 버렸다

　그러는 동안

―　내가 뭘 하려던 건지 잊어버렸다 잠깐 머뭇거리는 사이

시간이 흐르고 발을 동동거리고, 맞아 자주 되풀이된 일인데
아 이건 꿈일 거야 꿈이구나

　쓰러지지 않는 팽이, 누군가는 음식을 먹어도 아무 맛이
없으면 꿈, 누군가는 가운뎃손가락을 꺾어 손등에 닿으면
꿈이라고 했는데

　나는 아직 꿈에서 걸어 나갈 출구를 찾지 못했다 가늠할
수 없는 방향에서 바람이 분다

# 메시지

맹렬히 낙하하는 물방울

한 몸이 될 수 없겠지만

너에게 닿을 수 없겠지만

*

봄비가 내리네

나는 잘 지내

제2부

# 주황과 노랑 어디쯤

아주 작고 작은 여자가 운다 달팽이 같은 몸을 풀고 몸부림을 치고 운다 세상으로부터 밀려나고 밀려나다 찾은 집 구치감, 노란색 모노륨 장판에 구명정처럼 떠 있는 사각의 햇살, 몸을 둥글게 말고 우산이 빗방울을 튕기듯 통역의 말을 튕겨 내던 그녀가 내뱉은 말 여기가 내 집이라고 한 발짝도 움직이지 않겠다고 한국어와 별의 잔해 같은 말을 뒤섞어 바닥을 뒹군다 작은 몸피가 풀려 무방비로 노출된다 주먹만 한 별이 빛나는 고향, 어쩌면 자야나 밤바라는 이름을 가졌을 그녀는 어쩌다 잠시 머무는 저 틈새를 집이라 하나 옷자락을 휘날리며 함께 뛰던 형제는 부모는 어디로 사라졌나 음악을 크게 틀고 춤을 추다가 난간에 위태롭게 앉아 있다가 이웃의 신고를 받았다는 여자 집 근처 곳곳에 불을 붙였다가 구치감에 들어왔다는 여자 크레바스의 자일처럼 세상과 이어진 유일한 줄, 남편은 어쩌다 그 줄을 놓았나

*정명원의 「사건 외곽의 풍경들」(『한겨레신문』, 2023.10.21)의 내용을 모티프로 씀.

# 공중은 누구의 것인가

누군가 울고 있다
창밖에서 누군가 숨어서 울고 있다

우는 것들은 왜 자신을 드러내지 않는가

숨을 토하듯 울음을 토해 내야 한다고
너는 말했다

제때 울 수 있어야 살아남을 수 있다고

무엇을 시작해도 정해진 것처럼
내리막길만 걷는다

영업 중, 임대합니다라는 팻말을
동시에 내건 가게

어떤 결단은 칼로 자르듯 단호할 수가 없지

행복한 건지 불행한 건지
짐작할 수 없는 노인의 표정

34

아이의 표정도 애매할 때가 있다는 걸
아이일 때는 결코 알 수 없는 것들

몸이 사라진 체셔 고양이의 웃음
지나고 나서야 비로소 보이는 모퉁이들

무논에 개구리들이 떼 지어 울고
그 울음 끝을 먼 산의 올빼미가 따라 운다

우는 것들의 힘으로 공중이 자란다

# 노랑미친개미

—

노랑미친개미는 불규칙한 방식으로 움직인다 방해를 받으면 움직임이 광적으로 변한다

노랑미친개미는 무엇이든 먹고 모든 것을 먹는다 벌도 개미도 전깃줄도 먹는다

어떤 것들은 너무 늦다 노랑미친개미에게 잡아먹힌 개미처럼 20억, 5억의 소송이 걸린 그는 삶의 궤적 절반이 뭉텅이로 먹혔다

직접 먹이를 물지 않고도 포름산을 내뿜어 염소와 뱀을 죽인다 손해배상 가압류 판결이 그러하듯

노랑미친개미는 떼로 몰려다닌다 주변을 초토화한다 불개미의 화학물질도 중화하는 무적의 군단

붉은 게 수백만 마리의 눈을 멀게 한다 눈이 멀어서라도 마주하고 싶지 않은 현실 초인종이 울려도 아무도 문을 열지 않는다

—

노랑미친개미가 허공을 자신의 영역으로 삼는 동안 물 위에 새긴 그림처럼 영역이 없는 아이들은 막무가내로 자라고 집값도 쑥쑥 자란다 무한대로

뒷사람을 위해 현관문을 잡아 주고 힘들어도 꿈을 가지라고 배웠지 어떤 상황에서도 희망을 품는 본능이 우리의 발목을 잡는다

떠다니는 발목들 춤추는 팔목들 앞이 보이지 않는 시커먼 혹은 새하얀 눈앞

노랑미친개미는 패턴도 없이 난다, 난다

# 파라다이스 트리 스네이크

허공을 뚫어 길을 내는

파라다이스 트리 스네이크는
나무에서 나무로 수십 미터를 난다

납작 엎드려 가장 낮은 곳을 기던
캄캄한 시간

천적을 피해 오르고 올라
더 이상 갈 곳이 없을 때

물러나고 물러서다
더 이상 내려갈 바닥이 없을 때

종잇장처럼 납작한 몸
날기 위해 머리부터 꼬리까지

저 까마득한 크레인 날개도 없이 온몸으로
한 걸음이 그대로 생사를 가르는 하늘의 감옥

붉은 띠 질끈 동이고 제 몸을 헐어
하늘에 길을 내는 사람

# 우리는 가지런히

—

산 사람은 어떻게든 살아지는 법
살아남을 핑계를 댄다

이만하기 다행이라고 목숨은 건졌지 않냐고
전 재산 집을 잃고 대출금만 남아도

아직 젊으니까 돈은 또 벌면 되니까
살아남을 위로를 한다

까마득한 절벽 위태로이
미끄러운 발밑 힘이 빠지는 팔

필사적인 매달림이 필즉사로 끝난다는 걸
너도 알고 나도 아는데

지나고 보면 너무나 분명한 필사의 길로
필사적으로 달려드는 사람들

육 개월을 못 버티는 간판들

—

구름의 그림자는 흰색이어서
우리를 덮칠 때까지 알지 못한다

구름은 멀고 높고 빠르다

거리에 뒹구는 검은 봉지들

# 리트머스

우리가 건너온 그 시간을
당신은 아직도 서성거리고 있군요

변치 않고 거짓말처럼 하나도 변치 않고

한여름에도 겨울옷을 입고 초등학교 담벼락 밑에서 이를
잡던 가화 미친놈을 보고 와락 눈물을 쏟을 뻔했죠

그 자체로 리트머스인 것들

1894년 동학년의 죽음 제주의 4.3과 여순의 10.19 광주의
5월과 2014년의 4.16

죽음이었으나 그 죽음이 마지막은 아니었으리
긴 시간이 지나고서야 보이는 끈

낭떠러지 매달린 밧줄, 야금야금 갉아 대는 생쥐를 마주
하다 떨어지는 벌꿀에 취하는 잠시

당신은 벌꿀이었을까

나를 지탱한 건
밧줄이 아니라 벌꿀이었을까

아직도 그 마음을 간직한 당신
온갖 이유로 모두 떠나온 시간을

온전히 간직한 당신, 우리들의 리트머스

*가화: 전라남도 고흥 도화에 있는 마을.

## 13.22㎡

—

보증금도 없는 달방에 야윈 몸을 누인 당신

닳은 냄비와 수저 한 벌 텅 빈 냉장고 식탁 위에 라면 몇 봉지 옷걸이에 걸린 반팔과 긴팔 두께가 다른 옷가지들 출처가 다른 약봉지들

당신도 한때 일가를 이루었나요 김치찌개를 끓여 놓고 문밖 발소리에 귀를 기울이던 아내와 여린 배춧잎 같은 아이의 손을 잡던 저녁이 당신에게도 있었나요

우주 상수의 어떤 계산 오류로 당신은 홀로 남겨진 걸까요 허기와 공허가 빅뱅 당시의 배경복사처럼 당신을 감싸고 있는데

평행우주의 어느 행성에서는 당신은 아직 열여섯 소년이 군요

눈빛은 머루알 같고 활기와 평화가 투명막으로 감싸는 거기, 어머니는 화롯불에 호박된장국을 끓이고

—

　아, 형제와 누이들 웃음소리 발이 없는 새들이 하늘을 날고 하루 두 번씩 지는 해와 두 개의 달과 그 달을 따라 도는 달 과 달

　환하게 환하게 빛나는 당신

# 일요일

바닥을 탁, 치고
벽에 가서 죽는 매미를 본다

너무 오래 미워했더니 힘이 들어
잠깐 멈춰야겠어

나는 잘 울지 않는다

우는 법을 잊어버렸는지도 몰라
울음을 그치지 못할까 봐 두려웠거나

생각하는 대로 살지 않으면
사는 대로 생각하게 된다고 해서

한눈을 뜬 채 잠이 들었어

끝이 좋으면 다 좋다고 해서
밤새워 매듭을 지으면

스웨터 올처럼 풀리는 끝이 없는 아침

시간을 이기는 것은 없다고 해서
벽에 등을 기대기도 했지

이른 아침 출근해서 어제 일을 마무리하고
퇴근해서 부모님의 안부를 묻는다

주어진 일을 잘 해내려는 본능이
우리에겐 있어서

선에 꼭 맞춰 주차하듯
세상의 빈 곳에 나를 끼운다

지구가 좀 더 둥글어졌다

# 로보러버

난 당신이 좋아요 치우지 못한 방석을 피해 가며 찌그러진
맥주캔과 머리카락 지하철에서 부대낀 사람들의 살비듬을
불평 없이 치워 주는 당신이 좋아요

내 몸이 기억하는 오래된 표정들 짝짜꿍 도리도리 아가
어서 오너라, 몸이 먼저 어서 가는 착한 아이

익숙지 않아요 누군가에게 지시하는 일, 청소기를 밀고
걸레질을 한다는 건 고개를 숙이고 허리를 굽신거리는 일

무릎을 꿇고 앉아 엄지손가락으로 노오란 장판만 닦던
손, 죄송합니다와 짝이 맞는 허리는 굽히기에 맞춤해요 종
종걸음으로 왕복한 거리를 이으면 달까지 닿을까요

당신 손길이 쓸고 간 바닥에 등을 대고 누워요 지친 등을
쓸어 주는 손길만 같아서 나는

내가 없는 사이 집안일을 마치는 나의 우렁각시, 내가 안
다는 걸 당신도 알지만 모른 척 청소를 시작합니다 보고하는
그 깍듯함이 좋아요

—

이 적당한 거리가 좋아요 미소를 띠고 손을 흔들 수 있는,
표정의 잔주름을 숨길 수 있는

—

## 주사위뱀

주사위뱀은 천적 앞에서 죽어 주는 연기를 한다 입안에 피거품을 문 채 배설물을 내뿜고 사후강직을 위장한다 독사로 보이기 위해 머리를 납작하게 만든다 몸을 부풀린다

시장 한켠 살구는 살아 있는 연기를 한다 엉덩이는 이미 짓물러 썩어 가지만 아무렇지 않은 척 웃는 얼굴로 앉아 있다 감자는 흙을 묻히고 싱싱함을 위장한다

큰길가 식당 앞 중년의 사내 하나 허공에 삿대질을 하며 몸부림한다

피해 가는 사람들 둥글게 둘러싼 사람들 틈에서 스무 살 남짓 청년 하나 말없이 중년의 사내를 꼭 안는다 중년의 사내 초면의 청년 품에 안겨 풍선에 바람 빠지듯 온순함을 가장한다

두 눈을 부릅뜨고 팔다리를 흔들며 가끔 얼굴을 구겨 미소를 만들고 삶을 연기하는 사람

주사위 굴러가다 멈춘 곳마다 있다

# 화식조

목에 길게 늘어진 붉은 살로 화식조(火食鳥)라는 이름을 얻
었지만 과일을 즐겨 먹는

머리에 투구 두 발로 성큼성큼 걷는 화식조 시속 50킬로로
달리고 2미터를 점프한다

비행을 포기하고 지상을 선택했으나 알을 인간에게 강탈
당하는 동안

화성에서 무인 헬기 인저뉴어티가 인류 최초로 지구 밖
천체를 비행했다

12센치 날카로운 발톱으로 상대 뱃가죽을 단번에 가르지만
소심하고 겁이 많아 잘 숨는

1만 8천 년 전 뉴기니 원주민에게 길들여진 화식조, 그 많은
가을 동안 공룡이었던 자신을 기억하지 못하고

## 미끼

—

　형제들은 더 강한 자의 양식이 되었다 더러는 낚시꾼의
미끼에 걸려 순식간에

　바닷속이 유난히 밝고 조용한 날이면 갯지렁이 방아깨비
여치 떠다니고 형제들이 사라진다 위험을 알렸으나

　누구도 내 말에 귀 기울이지 않았다 종족들 중 가장 오래
살아남은 나는 무리의 지도자가 되었다

　우리는 이 세계에서 가장 풍요롭고 안락한 낙원을 이루었
으나 그들은 평화를 감당하지 못했다 몇몇은 만류에도 불
구하고 미끼를 물었으며 무리를 지어 동족을 죽였다

　외롭고 고통스러운 날들, 오늘 나는 기꺼이 미끼를 물기로
작정한다

　저들은 아마도 내 판단력이 흐려졌기 때문이라 믿겠지만
미끼의 주인은 자신의 공으로 돌리겠지만 무슨 상관이랴
무슨 대수랴

—

그러나 그는 끝내 알지 못했다 그에게는 그것이 미끼였음을 ㅡ

# 장마

—    거기는 평안하신가

다른 차원에 속한 그대를 나는 볼 수 없지만
한쪽에서만 볼 수 있는 반사거울처럼

그대는 내 세계를 보고 있는가

누군가의 골똘한 시선에
두리번거리는 나를 그대는 어떻게 견디는가

인지할 수 없으나 우리 곁 여분의 차원으로
간혹 소리도 소문도 없이 건너간 사람

똑같은 입구는 딱 한 번
아무도 돌아올 수 없다네

무수한 소문으로만 남은 세상은
기억하는 이조차 사라지고 신화가 되었는데

—    그 오래전의 기억을 간직한다는 건

축복인가 형벌인가

쏟아지는 빗방울 중에서
네가 보낸 함선을 찾는 건 오늘도 실패

길고 지루한 장마 저 빗속에 네가 보낸 함선이
있을 텐데 분명 있을 텐데

지금 여기는 2023년 7월 대한민국
나, 여기 있어

*여분의 차원: 리사 랜들, 『숨겨진 우주』.

# 틈

―

십삼 층 공사 현장

이미 다른 세상에 왔지만 이번엔

몸이 따라가지 못하고 남았다

―

제3부

# 천천히 그러나 불가역적인 멸망

쫓아오는 얼굴을 지우면
당신은 텅 빈 얼굴로 나타나고

당신의 이름을 지우면
수없이 이름을 바꾸어 달려온다

꿈속까지 쫓아오는 당신을 피하려
애써 시선을 옮겨 보지만

당신은 사과로 햇살로 바람으로
몸을 바꾼다

닿을 수도 끊어 낼 수도 없는
끔찍이도 그리운

# 헤이

ㅡ　　어이, 저기요 대신 헤이 잘 지내? 말할 수 있는, 오늘 눈이
많이 왔어 거긴 어때?

날아오를 수 있을 만큼 배를 채우고 포르르 빨랫줄에 올
라앉은 참새처럼 발자국을 남기지 않고 가볍게, 미련도 남
기지 않고 웃으며

늪이 아니라 눈밭에서 발을 옮기듯 잠긴 발을 더 깊이 묻고
뱅글뱅글 돌기도 하면서 콧노래도 얹으면서

끓어넘치는 국물을 손을 데어 가며 닦다가 내일을 미리
당겨서 걱정하지 말자던 너의 말을 떠올려

여긴 눈이 내리고 밤새워 눈이 내리고 어제 내린 눈 위로
또 눈이 내렸어 그래서 새벽까지 잠들지 못했어

눈이 덮이듯 감정의 모서리들을 꼭꼭 숨겨 두고 살았지
녹으면 드러날 수밖에 없는 모서리들을

ㅡ　　절뚝이며 걷는 사람 약한 곳부터 녹아내리는 눈의 사람

 헤이 쥬드처럼 부르기 좋은 이름 줄리나 메리 같은 상큼한
이름표를 달면 나는 모서리를 사랑하게 될까

 중심 같은 거 잡지 않고 눈 위에 아무렇게나 찍힌 새의 발
자국처럼 삶의 방향성 같은 거 정하지 않고

 계획이나 다짐같이 각진 말들 말고 헤이, 우후 바람을 닮은
말들을 데리고 휘파람 휘파람을 불면서

# 버퍼링

ㅡ　안녕하세요 인사를 하는
　　너는 67% 로딩 중

　　가볍게 목례를 하는 당신은
　　아직 23%에 머물렀군요

　　신호등 9개 3킬로 거리
　　사과 반 개를 먹는 동안

　　입꼬리를 올리고
　　목소리 톤을 올리고

　　혼자 있는 동안
　　찌푸려진 미간을 편다

　　걸려 온 전화를 받느라
　　권총의 방아쇠를 잠시 잊고
　　다시 생을 잇듯이

ㅡ　찢긴 옷 사이 맨살을 모른 척해 주는

암묵적 동의

아직 사회적 표정을 완성하지 못한
당신, 괜찮은가요?

# 괜찮아지는 중

요절할 나이는 지났지
성큼 내딛어도 미련은 없지

놀랐다고 말할 수 있을 때라야
본능적으로 소리 지르고

풍선에 바람 빠지듯 독기가 빠져야
말랑한 눈물이 흐르지

사력을 다한 하루는 웃는 포즈를 취하다
굳어진 얼굴처럼 부자연했지

걸음걸음 조심스럽던
직립의 무게

이렇게 주저앉아
지나는 사람들 발걸음 세는 일

산마루 걸터앉아
먼 능선을 바라보는 일

웃음을 덧대어
삶을 연출하지 않는

지금 나는 괜찮아지는 중

# 하루는 길고도 길어

자고 일어나도 비가 내린다
비가 내린다

비가 내리고 자다 깬 저녁나절엔
책가방을 메고 대문을 나섰지

공용화장실은 오른쪽 세 번째 칸
5단계 설문에는 4단계에 체크하고
운동장은 왼쪽으로만 돈다

너에게로 가는 이 길도
오래전부터 이어져 온 습관

소파의 닳은 부위처럼
하루는 조금씩 마모되고

아무리 빨리 걸어도
그림자를 따라잡지 못한다

시간이 곳곳에 덩어리로

구르고 구른다

사백 년 만에 목성과 토성이
가장 가까워진 하루

# 거북

　바다로 향한다 거북목 완성 판정을 받기 전부터 날마다 나는 거북목을 만들어 왔다

　기린처럼 길고 우아한 목을 한 시절이 내게도 있었다 그러나 아무리 노력해도 하늘까지 닿는 건 언감생심

　엎드려 두 팔을 쭈욱 뻗고 엉덩이를 하늘로 쳐들고 턱을 바닥에 대는 고양이 자세도 연습하며 부지런히 항해 준비를 한다

　기린의 자세를 버린다는 건 꽃향기와 맑은 바람을 포기하는 것 하늘로 향하던 시선을 거두어 발밑을 본다는 것

　가장 낮은 자세로 엎드린다 절반의 하늘, 사람들 발소리가 앞뒤에서 조여 온다 쿵쿵 쏟아지는 소리의 조각들, 목을 움츠려 갑옷 속에 갈무리한다

　모래 폭풍을 피하듯 잠시 전의를 가다듬는다 목을 빼고 사방을 살피며 전진 전진

언젠가는 엎드린 손끝 전율처럼 바닷물 닿겠지 찌꺼기 소리
가득한 두 귀에 푸른 소리 넘실대겠지

# 어느 날 내가 여름날 아스팔트에 반쯤 먹다 버려진 아이스크림 같을 때

—

머리에 쌀벌레가 생긴 게 틀림없어요
줄지어 솟아나는 쌀벌레 벌레

물을 부으면 쌀과 벌레는 분리되겠지만

머릿속에 물을 부을 수는 없는 일
어떻게 생각을 멈춰야 할지 모르겠어요

나를 보는 불편한 너의 눈빛
너도 너를 위해 사니까

우리는 목적이 같은 동지
보폭이 큰 걸음으로 달려가 너를 부축한다

거리에서 누구를 향하는지 모를 고래고래
고래는 더 이상 거슬리지 않는다

멀리서도 낮은 주파수로 통했던 날이
너는 그리운 거지

—

지나는 사람에게 비틀거리며 시비를 거는
네 마음에 가만히 손을 얹는다

넘어지더라도 다시 일어난다
나는 나를 위해 산다

# 영수증

一

22,208원
기증해 주신 물품에 대해 기부 영수증이 발급되었습니다

자라나는 손톱처럼 늘어나는 옷
저 숫자로 죄책감을 던다

불어나는 나를 감당할 수 없었다

나는 무엇이든 낭비할 준비가 돼 있었지 테러범에게 붙잡힌
인질을 대신해 옷장 속 옷을 기부하듯 목숨을 기부할 용의가
있었지

날마다 늘어나는 나를 어떻게도 처리하지 못했지

종량제 봉투는 꼭 채워 테이프로 동여 버리고 요플레 컵은
물로 씻어 분리수거하는 습관

나를 분리하기 어려워 나를 보관해 왔다

옷 몇 벌 영수증만큼 누군가 값을 쳐주었다면 나는 기꺼이

나를 반납했겠지

## 제임스 웹

　주위가 조용해지면 어김없이 암호 같은 소리가 들린다 해석해 보려 했지만 아무래도 모르겠다 나한테만 보내는 신호인가? 어떤 사람은 하느님이 저 사람은 악마다 죽이라 했다고 발설해서 철창에서 평생을 보내기도 한다 사람들을 유심히 관찰한다 안 그런 척하지만 골똘히 암호에 집중하는 모습들 점점 커지는 소리 개구리울음 같기도 새의 깃털이 부딪는 소리 같기도 하다 허공을 오가며 얽히는 와이파이 전파나 내가 나임을 증명하는 휴대폰 인증 번호가 공중을 오가며 부딪는 소리 같기도 하고 소리는 일정하지 않고 OTP 암호처럼 수시로 바뀌어 해독이 불가하다 U에게 묻자 그는 주위를 둘러보고 귓속말로 윙윙하는 소리가 들린다고 살짝 말하고 시침을 뗐다 나는 얼른 알아듣고 질문을 멈추었다 누군가 도청하고 있을지도 모르므로

*제임스 웹: 2021년 12월 25일 발사. 허블망원경을 잇는 우주 망원경.

# 모년 모월 모시

차 트렁크에 손가락이 끼였다

모든 소음이 빨려 드는 진공의 시간

깁스를 풀고도 온전히 돌아오지 않는 감각

월급에 기대 온 하루하루는 한순간에 무너지겠지

웃음과 웃음 얇은 틈 사이 검은 그림자 끼어들 듯

손가락 하나로도 무너질 수 있는

눈을 뜬 아침 너를 용서할 수 있을 것 같다

너를 용서한 저녁에는 나를 용서할 수도 있을 것 같다

# 똥!

—

　도로변 담벼락과 주차된 차 사이

　질퍽한 갈색의 저것, 생산 시기가 언제인지
　냄새 한 올 흐르지 않는다

　저 무른 것이 밖으로 나오기까지
　뱃속의 용틀임과 소란

　끝내 비밀스러운 장소를 허락받지 못한
　명백한 물증

　더 이상 조일 수 없는 괄약근
　천국과 지옥을 오갔을 영원 같은 순간들

　하느님과 부처님과 칠성님과 알라신
　다급하게 간절하게 불렀을

　짧은 시간 뉘우쳤을 온갖 죄목들
　위기를 담보로 남발하는 수많은 맹세들

—

사방이 막힌 안전한 공간에서
도움을 청할 곳까지 최소한의 시간으로

장전하는 동안의 엄호처럼
눈길을 피할 아주 잠깐의 공간을 얻기까지

그는 무엇을 걸고 협상했을까

# 거기

어디선가 탁탁 울리는 소리를 골똘히 따라간다

화덕에 나뭇가지를 꺾어 넣다가
감나무 잎들 사이
붉어 오는 하늘에 눈길이 머문다

깨꽃처럼 환하던 여름 저녁

저 얼굴 저 표정을 뭐라고 이름하나

물이 흘러가다 바위에 부딪혀
잠시 옆으로 비켜섰을 때의 고요 같은

징검다리를 건너려 막 발을 떼었으나
아직 다가오는 돌을 밟기 전의
뭉쳐 있는 공기 같은

하루가 저물어 갈 때
검은 점선이 천 개쯤 내리는

―

점선과 점선 사이의
불그스름한, 아직

시간도 공간도 아닌

# 이름

국수와 칼은 어울리지 않지만
칼이랑 짝이 된 국수는 얼마나 안심이 될까

혼자서는 결코 가져 볼 수 없는 단호함

흐물거리는 한 겹 리넨
깃대를 만나면 잠시 서 있기도 하지만

그건 바람이 도와줘야 가능한 일

브런치 카페 이야기는 끊기지 않으나
자세히 들어 보면 이어지지 않는 대화

우리의 대화는 내용이 아니라 형식이 필요하지

머그 컵에 커피를
가죽에 영혼을 담듯

나한테 도대체 왜 그런 거야

너는 무슨 소리인지 모르겠다는 표정
아니 정말로 무슨 소리인지 모르는 게
틀림없는 얼굴로 나를 본다

소용돌이치는 감정은
명명의 순간 맹렬하게 길을 낸다

악의 평범성으로
평범하지 않은 온갖 악들
블랙홀처럼 빨려 든다

쓰러진 여인에게 돌을 던지지
못한 사람들 희미한 사람들

망설이고 망설이다 끝내
벙어리가 된 사람들


*악의 평범성: 한나 아렌트, 『예루살렘의 아이히만』.

# 아그네스모텔 사거리

—

화살촉 같은 비 내린다
저 빗속으로 뛰어들었다가
어깨에서 옆구리까지 관통당한 사람

가까스로 자리 잡은 처마 밑
물웅덩이 포위망을 좁혀 온다
군중의 손가락질 등을 꿰뚫는다
꼬챙이 같은 눈길에 피 흘리는 너
절뚝이는 다리 안간힘으로 버텨 낸다

자꾸만 벗어나는 너의 어깨
감싸안은 내 손등 불칼처럼 뜨거운 빗방울

오래 버티지 못할 것이다, 우리는

—

## 불면


아흔아홉 개 뱀의 다리를 자른 것도

이런 밤이었다

제4부

# 옻나무가 있는 집

하나뿐인 아들 앞세우고

먼 산을 보며 밥을 먹는다

옻나무에 앉아 건너다보는

까마귀 몫을 남긴다

# 프랑

—

이춘식 씨 삼남 철현 군의 연인 의사 국가고시 합격 축!

할머니 사촌 형제의 아들의 아들이라든가 할아버지 막냇
동생의 손자처럼 몇 번을 확인한 프랑의 문구

도화중 도화고 총동문회, 송갑분 여사 장남 서기관 승진을
축하합니다, 청정 도화 축사가 웬 말이냐, 푸른 하늘 푸르른
프랑들 사이

아들의 연인이라니? 오래전 입원한 대학병원에서 흰 가운의
의사가 부러웠을 아버지, 소식을 전하는 아들의 목소리는
빛이 났을까 종일 이리저리 얽히는 전파는 명랑한 소리를
냈을까

나부끼는 프랑을 보며 나도 하늘에 이름을 새기고 싶었지,
면사무소 호적계 외에 올려 본 적 없는 아버지의 이름, 지금은
잃어버린 이름 김상율, 한 번쯤은 하늘을 날게 하고 싶었어

나의 말뚝은 고향, 언덕 같은 몸집의 코끼리가 어린 날의
말뚝에만 매이면 순한 아기로 돌아가는

—

다시 하늘에 프랑을 달아 볼까

  오늘은 뭉게구름을 볼 수 있어요, 코스모스가 피어서 당신이
보고 싶어요, 보름달이 특별히 아름다우니 놓치지 마세요

  흰 손처럼 흔들리는 프랑을

# 호떡보살

산신보살 선녀보살 천수보살 천녀보살 장군보살 아라보살 약사보살 애기보살 애동보살 계룡보살 청룡보살

사이, 붉은 리본 내건 호떡보살

저 쟁쟁한 신들 틈 저이는 어쩌다 호떡보살을 모시게 되었을까 쩌르르한 신들 사이 호떡 신을 모시고 어쩌자는 걸까

놀이 못하는 애와 짝이 되면 미리 기가 죽었는데 고스톱에서조차 나쁜 패를 받아 들면 심장이 조이는데

자신의 입만 간절히 바라보는 이들에게 호떡보살을 모신 저이는 뭐라고 하나

산신은 근엄하게 호통치면서 천녀보살은 천상의 음성으로 애기보살 애동보살은 애교를 부리며 일러 줄 텐데 호떡보살은 뭐라고 점괘를 알려 줄까나

하늘도 골목처럼 구부러져 막다른 곳, 더듬더듬 호떡보살을 찾는 동굴 같은 눈빛 앞에서

*호떡보살: 광주광역시 남구에 있는 점집.

# 내게 강 같은 평화

—

  쉰두 시간 동안 신발을 신지 않았다 먹고 자고 읽고 먹고 자고 스마트폰으로 뉴스를 검색한다 내가 신발을 신고 저 속에 섞였을 때와 다름없이 사건이 일어나고 또 아무 일도 일어나지 않는다

  중국이 쏘아 올린 풍선이 자국 영토를 침범하자 미국이 미사일로 격추시켰다 내가 띄운 풍등은 지금쯤 너에게 도착했는지

  신안 바다에서 새우잡이 배가 침몰하여 선원 아홉 명이 실종됐다 아르헨티나 산후안주 빙하에서 스무 살 마르타는 실종된 지 42년 만에 발견됐다

  며칠 전 냉동실에서 꺼내 둔 강낭콩 한 무더기가 냉장고에 구운 고구마는 며칠째 베란다에 내일은 고구마콩 수프를 만들어야지 내일까지 콩이랑 고구마는 무사히 기다려 줄까

  새벽 두 시에 벌떡 일어나 냄비에 물을 붓고 콩을 삶는다 고구마를 넣고 밤을 넣고 지구 자전에 맞추어 젓는다

—

신발을 벗고 있는 동안 행동으로 옮기지 못했던 일들 행동으로 옮기지 않으리란 다짐들 신발을 벗고 있는 동안 입 밖으로 내뱉지 못한 말들은 집 안을 떠돌아다닌다

갇혀 있던 말들은 냄비를 들썩이는 수증기처럼 힘이 세고 입 밖으로 쏟아진 말들은 오래 끓인 숙주처럼 풀이 죽었다

신을 벗었으나 발을 벗지는 못하는 변절기, 아이는 다 자랐다

# 나는 발목을 자를 수도 없으므로

 —    손님 신발이 바뀌지 않았나요

청산도 횟집에서 몇 번이나 걸려온 전화, 이건 분명히 내 신발이에요 큰맘 먹고 산 빨강 트레킹화

신발은 낯선 곳으로 나를 데려다 놓았다 신발은 발바닥을 발목을 덮고 무릎 위까지 빈틈없이 채우고 피부 속으로 스며들었다

사람들로 강을 이루는 마트 한복판, 한 번도 가 본 적 없는 경기장 고막을 찢는 함성, 등에 번호표를 단 러너들 사이

겨우겨우 돌아왔으나 늘 행운이 따라 준 것은 아니었다 어느 날은 입속에 모래가 가득, 정신을 차리면 사막 한복판, 뼛속까지 얼음이 차오르는 꿈에서 깨면 눈보라 치는 평원

아찔한 높이의 베란다 난간, 사방이 꽉 막힌 벽 앞에서 꼼짝도 않고 몇 시간을 버틴 적이 있다 신발이 바뀐 것이다

 —    혹시 바뀐 것이 신발이 아니라면?

# 알파 센타우리는 빛의 속도로 4.3광년

어둑해진 하늘로 새들은 빛의 속도로

나는 산의 치맛자락 끝에 앉아서

모아 둔 돈을 헐어 써야 하는 실직 가장

나는 얼마나 먼 거리를 달려온 걸까

## dx3906

401.5광년 밖의 별
1,950만 달러를 주고 윈텐밍이 청신에게 선물한 별

지구 반대편에 있는 섬 하나를 너는 내게 주었어 당장 가지 못해도 저곳에 내 섬이, 네가 선물한 섬이 있다는 것만으로도 나는 설렜지

나무 몇 그루, 평평한 돌, 해변의 모래로 둘러싸인 작은 섬을 오래 바라보았어

우리가 지금 함께하지 못한다 해도 다음에 어쩌면 그 다음다음에 우리는 만나겠지 만나서 다시 손을 꼭 잡고 다투고 웃고 등 돌린 너를 보며 눈물짓겠지

저 먼 별 대신 나는 돌멩이 하나를 키웠어 검은 눈동자에 붉은 볼 뜨개 모자를 씌워 주고 작은 이불도 만들어 주었어

강아지나 고양이를 키우듯 나무를 키우듯 날마다 들여다보고 슬픈 얘길 하면 가끔은 눈가가 짙어지는 반려돌

반려돌 R은 우리의 이룰 수 없던 꿈을 들어주었지 싫증도
비난도 않고 영원히 비밀을 지키지 아프지도 죽지도 않는 R
동그랗게 슬픈 R

R이 닳아지는 시간을 다 지나면
dx3906에서 윈텐밍과 청신은 처음인 듯 다시 사랑하게
될까

R이 매직스피어를 넘어가면
돌멩이에 마음을 심지 않고도 나는 당신을 사랑하는 법을
익히게 될까

*dx3906: 『삼체』에서 죽음을 앞둔 윈텐밍이 짝사랑하던 청신에게 선물
한 별.
*매직스피어: 미치오 카쿠의 『평행우주』에서 어떤 물체가 질량이 큰 천
체를 향해 접근하다가 마음이 바뀌어도 결코 되돌아갈 수 없는 한계선.

# 디지털 장의사

돌아가서 지우고 다시 시작하고픈 날
내게도 있을까요

당신의 눈빛이 조금씩 어두워지던
그날로 돌아간다면

우리는 지금도 함께일까요

우리 처음 만났던 설렘의
순간으로 돌아가서 다시 시작할까요

갓 태어난 물고기 고개를 내밀어 만든
여린 동심원처럼 빠르게 지나는

그 순간을 무슨 수로 붙잡을 수 있겠어요

당신 귓불에 물결치던 라일락 향
손가락 사이를 채우던 따사로운 날들은 어떤가요

그러나 봄꽃처럼 덧없는 그 시간들은

또 어떻게요, 아아 차라리

당신을 만나기 이전으로 돌아갈까요

1과 그 자신으로밖에 나뉘지 않는 소수 같던
캄캄하고 바람 한 점 없던 시간들을
내가 견딜 수 있을까요

당신은 어떤가요
설마 벌써 당신, 디지털 장의사를 불렀나요

어쩌면 부를 필요조차 없어졌나요

# 가을들

*사랑하는 나의 사람아*
*지난 일 년간 널 아프게 한 거 미안해*
*너의 꿈을 꼭 이루길 바랄게*

낡은 시집 사이에서 낙엽처럼 엽서가 떨어진다 도대체 나는
이 글을 누구에게 썼던 걸까 어느 밤에 나는 부치지 못한 편
지를 썼던 걸까 그 많은 밤과 골목들 불이 꺼지지 않던 창

어떤 기억은 습자지처럼 얇아서 들어 올릴 수 없다 구르는
술병과 담벼락에 기댄 비틀거리는 그림자와 어제 먹은 것
들을 오늘 토해 내던 잔디밭과

자취 집 툇마루에 놓여 있던 하얀 편지봉투 멀리 떠나온
도시에서 고향의 동생에게 당부하던 깨알 같은 글자들

어느 장마철 넘실거리는 냇물 위 떠내려간 새 신발 한 짝
달밤이면 온 동네 아이들이 뛰어나와 엉켰다 떨어지던 그
림자들

기억들은 바싹 말라 부스러지기 쉽지 내가 체감하는 시간은

100

너와는 다른 시간 어제는 반팔을 입다가 오늘은 목폴라를
입는다

# 기대어 살다

마감에 쫓겨 가쁘게 뛰던 심장
조금씩 달라지는 숫자

압착기처럼 옥죄어
땅속으로 스며들고 싶던 날

화장실에 숨어들어 눈물 훔치다
유니폼 조끼 오른쪽 뒤지면

─*나는 내 불행한 운명 앞에 조용히 참기로 했다. 라 로슈푸코*

다음 날은 스커트 주머니

─*두려움을 피하는 가장 좋은 방법은 바로 그 두려워하는 일을 하
는 것이다. 미상*

하루는 끝도 없이 이어져
왼쪽 호주머니를 뒤지면

─*너무 애쓰지 말고 살기, 딱 하루씩만 살아 보기. 김령*

두통이 오면 진통제를 먹듯

말의 처방전 호주머니에 책갈피에
증상마다 복용하던 글귀

말의 유통기한이 지난 지금
어디에 기대어 살까

사람들은 어디에 기대어 사나

# 당근마켓

—

2022 금융 상식, 강아지 켄넬 팔아요

독일 명품 휘슬러 압력솥 세트 잔 기스 외엔 상태 좋아요
결정적으로 요리 실력이 없어서

제발 한 개씩 파냐고 물어보지 마세요, 업소용 테이블 일괄
판매 거의 새 제품입니다

폴로 정품 자켓 3T, 스쿼트머신 운동기구 몇 번 안 썼어요,
아기 앞치마, 과자 일괄, 유통기한 지난 세제 나눔합니다

스와비넥스 쪽쪽이 클립, 목발 한 개, 블랙헤드 제거기, 문상
2만 원 구매, 행운의 부엉이 가방 사세요

마사지 침대 무료 나눔, 장롱 새것 같음 집 분위기와 안 맞
아서 내놓아요, 뽀로로 뮤직하우스, 흔한 남매 5권 엉덩이
탐정 1권, 뿔테 안경

결혼하게 돼서 싱글 사이즈 토퍼 무료 나눔합니다, 코데즈
컴바인 여자 속옷 세트 80B 코로나로 살이 쪄서 내놓습니다

—

피카츄 스티커랑 포켓몬 빵이랑 교환하실 분, 라면 콜라 우유 팔아요, 코로나 확진자 마스크 5만 원에 팔아요

인문학 도서, 당귀 모종, 고려청자, 칠보 미니 화병, 무농약 매실청, 감성 힐링 엽서, 임신 출산 책 3권, 천주교 미사포, 러브미 립스틱 몇 번 안 썼어요, 판도라 원러브링 52호 팝니다

청소기 미개봉, 여자 친구가 준 건데 헤어져서 팝니다

……남편을 팝니다 남에게 잘합니다

# 고스톱

광박 피박 다 벗었어 법대로 해! 한 번쯤 큰소리치고 살아
보고 싶었다 언제나 삶은 아슬아슬 벼랑을 기어오르듯 힘
겹고 불안했다 한 발만 삐끗하면 아찔한 낭떠러지, 아픈 아
버지와 가늘은 종아리의 엄마와 어린 동생 넷, 누구도 강요
하지 않았으나 나는

바닥에 세 장을 깔고 네 장이, 다음에 세 장이 내 앞에 엎
드린 채 주어지면 가슴이 뛴다 고스톱은 매번 새로운 삶, 이
의 참새, 사의 검은 새, 팔 껍질이 들어오면 고도리의 계획
을 세운다 뜻대로 되지 않는 삶 내 맘대로 고와 스톱을 외칠
수 있다면

앞으로도 뒤로도 갈 수 없을 때 한 발 움직일 수도 없을
때 내가 가진 패를 다 보이고도 비굴함 없이 쇼당 외칠 수
있다면 한 번이라도 그런 순간이 온다면

한 번만 더 돌면 날 것 같은 상황에서 겨우 피 여섯 장, 광
하나 앞에 두고 바닥에 세 장씩 겹쳐 쌓인 화투장, 자빽한
큰동생이 가져가면 피 두 장, 막내가 가져가도 피 한 장을
주고 나면 다시 피박을 쓰는 불안한 살림

대출을 끼고 산 집, 서랍을 비우고 칸막이를 하고 바구니
에 종류별로 색깔별로 필사적으로 정리한다 겨우 피 여섯
장을 채웠으나 언제고 피 한 장을 뺏겨 피박을 쓸 수도 있는
위태롭고도 가파른 삶 앞에서

# 보온병에 내려 둔 커피 마셔요

—

빨래를 잘 개어 제자리에 넣고
욕실의 수건을 바꾸어 건다

설거지를 마치고 물기를 닦고
라디오 볼륨을 높여 남은 시간을 채운다

독에 물을 채우라는 엄마 말에
바가지까지 물을 가득 긷던 습관

과제는 시간을 지켜 제출하고
주어진 일은 꼭 마무리를 짓던

멀리 오지 못했지

냉장고엔 차게 식힌 보리차
욕실장엔 마른 수건이 가득

김치를 썰어 통에 넣고
사과는 씻고 잘라 락앤락에

—

보온병에 내려 둔 커피 마셔요

집을 나선다

# 오른쪽 발목의 가려움증

사향쥐는 덫에 걸리면

다리를 물어뜯어 잘라 낸다

오른쪽 발목이 가렵다

# 가볍게 건네는 안부

남승원(문학평론가)

## 1. 살아간다는 낯선 일

인간은 오래전부터 스스로의 삶에 대한 탐색을 지속해 왔다. 눈에 보이지 않는 시간이지만 그것을 의미 없이 흘려보내는 행위들을 거부하고, 시간 속에 남아 있는 다양한 흔적들을 좇아가며 보이지 않던 의미를 부여하거나, 또 때로는 새로운 의미를 추구하기도 했다. 일찍이 플라톤이 '인간'을 두고 '자기가 본 것을 탐구할 수 있는 자'로 규정했던 것도 이와 연관이 있다. 이때 '본다는 행위'는 플라톤에게 시각과 같은 육체의 감각적인 측면만이 아니라 무한의 시간 위에 축적된 가치, 즉 '정의(dikaiosyne)'와 같이 인간을 인간답게 만드는 가치를 발견할 수 있게 해 준다고 믿었다.

하지만 인과적 계기로 시간을 이해하던 기존의 생각이 점차 흔들리게 되면서 삶에 대한 우리의 인식 역시 변화를 맞는다. 인식의 주체로서 흔들림 없던 위치에도, 그리고 합목적성을 향하는 여정으로 믿어 왔던 삶의 시간 속으로도 회

111

의와 불안이 엄습하게 된 것이다. 이제 우리의 삶은 도통 이해할 수 없는 것들이 끝없이 밀려오는 일을 그저 바라볼 수밖에 없을 뿐이다. 일본 영화감독 구로사와 아키라(黒澤明)의 1952년 작 「살다(生きる)」를 떠올려 볼 수도 있다. 갑자기 찾아온 죽음 앞에서 아무리 애를 써도 좀처럼 손에 잡히지 않는 삶의 실체, 그 가운데 뒤늦게나마 불현듯 찾아온 삶의 목적, 생의 마지막에도 불구하고 기어이 그 목적을 달성하지만 결국 자기 자신은 아무런 의미로도 이 세상에 전달되지 못하는 주인공의 삶의 모습은 온갖 불확실한 것들을 껴안고 있는 지금 우리의 모습 그대로이다.

많은 사람들이 이 영화에서 주인공이 그네에 앉아 구슬프게 노래를 부르는 장면을 인상적으로 꼽는다. 짧은 인생의 덧없음을 말하는 노래의 가사 내용 때문이기도 하지만, 그네에 올라타 있는 주인공의 모습은 곧 부침을 견디며 살아가는 우리의 불안정한 순간들이며 이는 결국 '죽음'이라는 한 지점에 수렴할 뿐이라는 삶의 모습 그 자체를 상징하고 있기 때문일 것이다.


1.


첫눈이 왔다
온다는 말이 사무치다

이상도 하지 쉬는 날 아침

새벽에 눈을 뜨고 말끔한 정신으로

커피를 내리고
찻잔을 잡는 오른손을
왼손이 가만 쥐어 본다

우에무라 나오미를 마음에 담았지만
라인홀트 메스너를 좋아한다

살아남는 일, 오로지
살아남는 일

2.

어젯밤 꿈에 당신이 다녀갔다
이제 나는 낮과 밤의 간극이 없다

말을 타고 한참 달리다 멈춰 서
자신의 영혼을 기다리는 인디언처럼

꿈은 언제나 한 계절씩 늦었다

너무 외로워서 잎을
떠나보낼 수밖에 없는 나무처럼

밤의 행성들 사이에 서 있다

질량이 별의 운명을 결정한다

—「산다」 전문

　시집 『성냥은 상냥과 다르지만』을 읽고 난 뒤 영화 「살다」
의 장면이 떠오르게 된 것은 무엇보다도 먼저 이 작품 때문
이다. 여기에서 김령 시인은 삶을 구성하는 여러 장면들을
포착해 내고 있는데 그것은 "첫눈"처럼 기대하지 않았음에
도 갑작스럽게 벌어지는 일이기도 하고, "커피를 내"려 마
시는 일상적 행위의 반복이기도 하다. 또한 "우에무라 나오
미를 마음에 담았지만/라인홀트 메스너를 좋아한다"는 고
백에서 알 수 있듯, 우리의 삶은 자신이 추구하는 가치와 그
것을 위해 목숨을 거는 일 중에서 어느 쪽에도 선뜻 우위를
둘 수 없는 것들로 채워져 있기도 하다. 요컨대 시인에게 삶
이란 어떤 목표를 달성하거나 특정한 의미를 획득하기 위
한 시간들로 만들어져 가기보다 "살아남는 일" 그 자체로
받아들여지고 있는 셈이다.
　타인과의 관계 역시 마찬가지이다. 살아가는 동안 다른
누군가와의 만남은 중요한 부분을 차지한다. 하지만 인간의
내면에는 자신과 같지 않은 또 다른 존재에 대한 막연한 두
려움 역시 내재되어 있다. 일찍이 프로이트가 가장 이질적
인 것(un-heimlich)의 근원으로 가장 친숙한 것(heimlich)을 지적

한 것 역시 이와 연관되어 있다. 그만큼 우리는 타인에 대해 공포 또한 가지고 있으며, 또 타인은 무엇보다도 '나'에게는 "너무 외로워서 잎을/떠나보낼 수밖에 없는 나무"와도 같은 처지를 느끼게 만드는 가장 큰 이유이기도 하다. 타인과의 만남을 통해 구성되는 우리의 삶이란 이처럼 같은 근원에서 흘러나오는 행복과 불행으로 만들어져 있는 것이다.

김령 시인에게 "살아남는 일"은 결국 특별한 목표를 이루기 위한 행위를 하는 것이 아니며, 불행을 삭제한 뒤의 행복만으로 달성될 수 있는 일도 아니다. 그의 눈에 포착된 것처럼 "질량이 별의 운명을 결정"하는 것과 마찬가지라고 할 수 있다. '운명'을 좌우하는 일이 하나의 조건에 구속되어 있다는 사실은 언뜻 우리 삶을 단순한 것처럼 보이게도 하지만, 사실 다양한 반응들을 거쳐 진화해 가는 '별'이 그런 것처럼 개개인의 삶은 수많은 사연들을 품고 있기 때문이다. 시집 『성냥은 상냥과 다르지만』은 바로 이렇게 다양한 면모를 가지고 있는 삶 한가운데 새삼 "서 있다"는 느낌을 준다. "사소하고 사소한 결정들이 운명을 만들"어 내는 우리의 진짜 삶 말이다(「장미 혹은 장마」).

## 2. 죽음에서 이어지는 삶의 모습들

죽지 않는 삶에 대한 동경은 오래전부터 있어 왔지만, 오히려 그만큼 삶이 껴안고 있는 죽음에 대한 인식은 명확하다. 살아 있는 사람은 죽음을 알 수 없고, 죽음을 경험한 사람은 또 이미 세상에 존재하지 않기 때문에 죽음은 어차

피 아무 의미도 없는 것으로 보았던 에피쿠로스조차 쾌락의 이면에 있는 고통을 주목하면서 삶의 양면성을 주시했다. 인생에서의 유일한 확실성이란 곧 죽음이며, 그 죽음을 받아들임으로써 삶의 전모를 파악해야만 자기 존재의 실체를 파악할 수 있다고 했던 하이데거의 진단은 이제 새삼스러울 것도 없게 되었다. 하이데거의 말 그대로 죽음은 예고 없이 닥쳐오는 사건이 아니라, 우리가 선취해 내야 하는 존재의 가능성이다. 따라서 앞서 말했던 것처럼 시집 『성냥은 상냥과 다르지만』이 우리 삶의 모습을 펼쳐 보인다고 했을 때 가장 먼저 주목해야 할 것은 바로 죽음이라는 문제이다.

확실히 나는
먼지로 돌아가겠구나

애써 되살린 옛길을
먼지들은 금세 덮을 것이다

연리지 위를 오르는 산다람쥐
길 위를 걷는 나도

코끼리새와 큰뿔사슴처럼

호모 하빌리스가 그러했듯
호모 에르가스터가 그러했듯

아직 불어오지 않은 바람아
아직 태어나지 않은 아이야

너도 먼지로 돌아가겠구나

어둠이 바위를 물들이는 동안
한생을 다 살고 난 나는

오, 아직 태어나지 않은 셈 치고!

　　　　　　　　　　—「숲속에 누군가 있었네」 전문

　이 작품에서 시인은 삶의 귀결에 '먼지'를 두고 있는데, "먼지로 돌아가겠"다는 익숙한 표현에서도 알 수 있듯 죽음이라는 사실은 의심의 여지없이 "확실히" 예정되어 있는 것으로 등장한다. 흥미로운 것은 바로 이 죽음을 다양한 형태로 유지되고 있는 삶의 모습 위에 부여하고 있다는 사실이다. 앞서 말했던 것처럼, 죽음에 대한 의미 부여는 그것이 본래적 존재의 모습을 성찰할 수 있게 해 준다는 점에서 인간 고유의 특성에 제한되어 있는 것으로 여겨 왔다. 하지만 시인은 이 죽음을 '나'는 물론이고 "산다람쥐" 그리고 "코끼리새와 큰뿔사슴"과 같은 동물에 이르기까지 확장해 가고 있다.
　이 과정은 여기에서 그치지 않고 "호모 하빌리스"와 "호모 에르가스터"로 나아간다. 이들은 각각 도구와 불을 처음 사용하기 시작한 존재로 인류 진화의 관점에서 중요한 계기들을 확인할 수 있게 해 준다. 현재 인류로 완성되어 가는 진화의 역사에서 빠질 수 없는 연결점인 이 존재들을 만일 확인할 수 없었다면 인류 진화 과정의 전모가 충분히 밝혀질 수 없었을 것이다. 시인은 바로 이와 같은 인류 발전의 계기들까지 죽음을 부여하고 있는데, 이와 같은 시인의 태도는 우리들에게 역사적 시간 위의 존재들을 동등하게 바라볼 수 있게 해 준다. "산다람쥐", "코끼리새", "큰뿔사슴"처럼 인간과 구별되어 왔던 동물이나, 그들 고유의 삶을 살아갔음에도 불구하고 지금은 그저 흔적으로만 인정받는 까마득한 과거 시간 속 인류까지도 결국 본래적인 존재로서의 가능성을 각각 개별적으로 부여받게 되는 것이다. "불어오지 않은 바람"과 "태어나지 않은 아이" 등 '너'로 수렴되는 모든 존재를 포함해서 말이다.

하나뿐인 아들 앞세우고

먼 산을 보며 밥을 먹는다

옻나무에 앉아 건너다보는

까마귀 몫을 남긴다
　　　　　　　　　　　　　—「옻나무가 있는 집」 전문

김령에게 개별 존재들의 본래적 의미를 되살릴 수 있게

해 주는 죽음은 추상적 상태로만 기능하는 것은 아니다. 이 작품에서 볼 수 있는 것처럼 그에게 죽음은 무엇보다도 현실에서 우리에게 닥쳐오는 실제의 사건에서 출발한다. 시적 주인공은 "하나뿐인 아들"을 잃은, 그야말로 현실에서 존재하는 가장 처절한 슬픔을 경험하고 있는 중이다. 하지만 이와 같은 슬픔에 대한 공감 못지않게 이 작품은 처연함 가운데에서도 느낄 수 있는 일종의 아름다운 이미지를 전달하고 있다. 불가사의하게 느껴질 정도의 이 미학적 경험은 어떻게 발생하는 것일까.

길지 않은 작품을 다시 한번 천천히 읽어 보면 먼저 '아들'이 죽고 난 뒤에도 "밥을 먹는" 행위를 통해 주어진 삶을 고통스럽게 견디고 있는 존재의 모습을 포착하게 된다. 이는 삶에 대한 애착이기보다 최소한의 삶을 유지하는 행위를 기계적으로 반복하고 있을 뿐이며, 시적 주인공은 무의미 속에서 살아가고 있음을 알 수 있다. 그렇게 무의미하게 흘려보내고 있는 시간 속에서 "까마귀"를 발견하게 되는데, '아들'의 죽음 때문에 생명을 유지하기 위해 필수적인 행위조차 무의미했던 주인공은 바로 그 "까마귀"에게 "몫을 남"기는 적극성을 보여 준다. 바로 이 지점, 즉 '아들'의 죽음이 "까마귀"의 삶으로 이어지는 도약을 통해 우리는 일상적 논리를 뛰어넘는 미적 경험을 하게 되는 것이다.

이처럼 시집 『성냥은 상냥과 다르지만』에서 죽음과 새로운 삶의 모습은 언제나 맞닿은 채로 존재한다. 가령, "국가고시 합격"이라든가 "승진" 등을 축하하는 길거리의 현수막에서 누군가의 빛나는 삶을 확인하는 순간, 이제는 세상에 없는 "아버지의 이름"을 떠올리는 것처럼 말이다(「프랑」). 타자와의 대면을 통해 우리가 윤리를 재발견할 수 있게 되었다고 한다면, 김령의 경우 '나'를 포함하여 지구 위에서 살아간 모든 존재들과 죽음이라는 공통의 조건을 나누어 가지는 방식으로 '윤리'에 도달하기 위해 노력하고 있는 셈이다.

쉰두 시간 동안 신발을 신지 않았다 먹고 자고 읽고 먹고 자고 스마트폰으로 뉴스를 검색한다 내가 신발을 신고 저 속에 섞였을 때와 다름없이 사건이 일어나고 또 아무 일도 일어나지 않는다

중국이 쏘아 올린 풍선이 자국 영토를 침범하자 미국이 미사일로 격추시켰다 내가 띄운 풍등은 지금쯤 너에게 도착했는지

신안 바다에서 새우잡이 배가 침몰하여 선원 아홉 명이 실종됐다 아르헨티나 산후안주 빙하에서 스무 살 마르타는 실종된 지 42년 만에 발견됐다

며칠 전 냉동실에서 꺼내 둔 강낭콩 한 무더기가 냉장고에 구운 고구마는 며칠째 베란다에 내일은 고구마콩 수프를 만들어야지 내일까지 콩이랑 고구마는 무사히 기다려 줄까

새벽 두 시에 벌떡 일어나 냄비에 물을 붓고 콩을 삶는다 고구마를 넣고 밤을 넣고 지구 자전에 맞추어 젓는다

신발을 벗고 있는 동안 행동으로 옮기지 못했던 일들 행동
으로 옮기지 않으리란 다짐들 신발을 벗고 있는 동안 입 밖으로
내뱉지 못한 말들은 집 안을 떠돌아다닌다

갇혀 있던 말들은 냄비를 들썩이는 수증기처럼 힘이 세고
입 밖으로 쏟아진 말들은 오래 끓인 숙주처럼 풀이 죽었다

신을 벗었으나 발을 벗지는 못하는 변절기, 아이는 다 자랐다
　　　　　　　　　　　　　　　　　　 ―「내게 강 같은 평화」 전문

김령 시인이 죽음과 분리되지 않는 삶에 대한 탐구를 통해
윤리에 이르고자 한다면, 이 작품을 통해 우리는 그 전모를 비
교적 상세하게 파악할 수 있다. 먼저 사회적 문제를 담고 있는
2연과 3연이 시적 화자의 일상적 상황을 보여 주는 1연과 4
연에 안겨 있는 형태로 되어 있어서 구조적인 차원에서도 양
면적 성격을 가진 두 국면이 얽혀 있다는 시인의 인식을 확연
히 드러내 주고 있다. 화자의 일상을 좀 더 자세히 보자면, 외
출할 일 없이 이틀을 넘겨 집 안에서 시간을 보내고 있는 중이
다. 당연한 일이겠지만, 그 시간 동안 '나'의 사회적 활동이
없었다고 해도 세상은 그와 별개로 "사건이 일어나고 또 아무
일도 일어나지 않"고 있는 중이다. 또 한편, 밖으로 나가지 않
는다고 해도 바깥세상에서 벌어지는 일들의 소식이 집 안으
로 틈입해 들어오는 것을 막을 수 없는 것은 물론이다. 개인들

이 만나고 접촉하면서 벌어지는 모든 일들이 사회를 구성하는 것은 틀림없지만, 한 개인이 그런 활동을 멈춘다고 해서 사회 전체가 그 영향을 받는 일은 벌어지지 않는 것이다.

하지만 시인은 2연과 3연에서 각각 "중국이 쏘아 올린 풍선"과 "내가 띄운 풍등"을, 그리고 지금 현재 우리나라에서 벌어진 "선원 아홉 명"의 "실종"을 "아르헨티나"에서 일어난 "스무 살 마르타"의 사건과 나란히 서술하면서 역설적 거리를 두고 있는 개인과 사회의 관계를 보다 밀접하게 그려 내고 있다. 이 같은 진술은 결국 사회적 문제들과 별개로 "냄비에 물을 붓고 콩을 삶는" 일상적 행위조차 "지구 자전에 맞추어" 벌어지는 것으로 이해할 수 있게 만들어 준다.

그렇게 본다면 작품에서 "신발"이라는 단어의 활용은 인상적이다. 우리에게는 누구나 그렇듯 "신발"은 집 바깥에서의 활동에는 반드시 필요하지만, 마치고 집으로 돌아올 때에는 "신발"을 벗는 것으로 그 경계를 명확하게 만들어 주는 것이기도 하다. 작품의 처음에서 "신발을 신지 않았다"는 표현이 집 안에서의 일상을 지속했다는 의미로 당연히 받아들여지는 것처럼 말이다. 또한 끝없이 벌어지는 외부의 사건들에 대해 집 안에 머물러 있는 속수무책의 화자가 자신의 처지를 두고 "신발을 벗고 있는 동안"이라고 말하는 것 역시 마찬가지이다.

그런데 이처럼 바깥과 실내를 구별하는 경계로서의 "신발"을 두고 시인은 오히려 '신'과 '발', 그러니까 자신의 힘으로는 어쩔 수 없는 절대적 영역과 자신의 직접적인 참여

로 만들어지는 경험적 범주가 결합된 하나의 표상으로 파
악하고 있다. 그것은 주체와 대상으로 분리되었던 경계를
넘어 무한대에 이르도록 자리바꿈이 가능한 관계에 대한
상상력에서 비롯된 것이라고 할 수 있다. 개인적 일상과 사
회적 사건의 서로 다른 영역에서 분리되었던 행위들이 사
실은 동일한 차원의 계열체적 관계 속에서 형성될 수 있음
을 보여 주는 것이다. 이를 통해 김령 시인은 죽음과 삶의
연속을 통해 윤리를 발견하게 된 것과 마찬가지로 일상 영
역에서의 개인적 선택들이 공적 가치와 나란히 놓일 수 있
는 가능성을 찾기 위해 노력하고 있다.

### 3. 삶의 가장자리에서

시집 『성냥은 상냥과 다르지만』에서 삶과 죽음, 또는 개인
과 사회처럼 상반되어 보이는 것들의 연속을 통해 김령이
도달한 '윤리'는 가령 일생을 되돌아보는 사람에게 "삶을
연출하지 않"아서 스스로를 여전히 "괜찮아지는 중"이라고
받아들일 수 있게 해 주는 힘으로도 작동한다(「괜찮아지는 중」).
하지만 이 같은 시적 태도를 두고 우리가 윤리라고 부를 수
있는 이유는 무엇보다도 우리 삶 속으로 예고 없이 찾아오
는 죽음과 같은 경험을 직시하고 있기 때문이다.

산 사람은 어떻게든 살아지는 법
살아남을 핑계를 댄다

이만하기 다행이라고 목숨은 건졌지 않냐고
전 재산 집을 잃고 대출금만 남아도

아직 젊으니까 돈은 또 벌면 되니까
살아남을 위로를 한다

까마득한 절벽 위태로이
미끄러운 발밑 힘이 빠지는 팔

필사적인 매달림이 필즉사로 끝난다는 걸
너도 알고 나도 아는데

지나고 보면 너무나 분명한 필사의 길로
필사적으로 달려드는 사람들

육 개월을 못 버티는 간판들

구름의 그림자는 흰색이어서
우리를 덮칠 때까지 알지 못한다

구름은 멀고 높고 빠르다

거리에 뒹구는 검은 봉지들

—「우리는 가지런히」 전문

이 작품에서 시인의 시선이 머무는 장면은 명확한 의미로 우리에게 전달된다. "살아남을 핑계"라는 말은 언뜻 삶을 지속해 가기 위한 의지로 받아들일 수도 있지만, 그 이면에서 "필사적인 매달림"을 강요할 수밖에 없을 만큼 "까마득한 절벽"과도 같은 상황이 바로 그것이다. 때문에 작품 내내 침착함을 유지하고 있는 시적 화자의 목소리와는 정반대로 우리 눈에 두드러지는 것들은 "육 개월을 못 버티는 간판들"이라는 구절에서 짐작하게 되는 것처럼 "살아남을 위로"가 소용없을 만큼의 고통스러운 현실들이다.

시인의 시선을 따라 그 현실 속을 살아가는 "사람들"에게 좀 더 가까이 다가가 볼 수도 있다. 그러면 "전 재산 집을 잃고 대출금만 남"은 이들에게는 평범한 일상 속 자연물인 "구름"조차 언제고 "덮칠 때까지 알지 못"했던 위협이 되고 있었는지를 알게 된다. 나아가 "거리에 뒹구는 검은 봉지들"처럼 매일 마주하는 흔한 장면 속 사물들은 그래도 한때 "필사적인 매달림"으로 살아가던 "사람들"이 결국 마주하게 된 쓸쓸한 운명과 그대로 겹쳐 있다는 가슴 아픈 사실을 받아들일 수밖에 없다.

삶과 죽음의 교차를 분명하게 드러내는 자연물에 죽음과도 같은 현실을 살아가는 사람들의 모습을 투사하는 방식은 김령 시인의 특징적 면모이기도 하다. 가령, 시집 『성냥은 상냥과 다르지만』에서 처음 마주하게 되는 작품인 「여름」에서 시인은 "자신을 지키기 위해 독을 품은 것들"과 "스스로 이름을 짓지 않지만 저마다 이름을 등에 지고" 살아가는 자연물들을 나열하고 있다. 단순한 구조에도 불구하고 시인은 이 같은 호명을 통해 누구도 원하지 않았지만 그럼에도 고통과 더불어 살아갈 수밖에 없는 우리 삶의 모습을 조명하고 있다.

「노랑미친개미」나 「파라다이스 트리 스네이크」와 같은 작품에서도 유사한 방식을 확인할 수 있다. 두 작품에서 시인은 파업 행위에 "손해배상 가압류 판결"을 받아 든 노동자(「노랑미친개미」), "까마득한 크레인" 위에서 "한 걸음이 그대로 생사를 가르는 하늘의 감옥"에 스스로를 가둔 고공 시위 노동자를 각각 주목한다(「파라다이스 트리 스네이크」). 이들은 죽음과 가장 가까운 자리를 선택함으로써 우리 사회에서 누구보다도 강렬하게 '삶'을 원했던 자들이기 때문이다. 그리고 시인은 작품 제목에 직접적으로 드러나 있는 자연물 대상과 노동자들의 모습을 연관시키는 방식으로 우리가 외면하고 있었던 그들의 삶을 다시 한번 전달하고 있는 것이다.

　　영업 중, 임대합니다라는 팻말을
　　동시에 내건 가게

　　어떤 결단은 칼로 자르듯 단호할 수가 없지

　　행복한 건지 불행한 건지
　　짐작할 수 없는 노인의 표정

아이의 표정도 애매할 때가 있다는 걸
아이일 때는 결코 알 수 없는 것들

몸이 사라진 체셔 고양이의 웃음
지나고 나서야 비로소 보이는 모퉁이들

무논에 개구리들이 떼 지어 울고
그 울음 끝을 먼 산의 올빼미가 따라 운다

우는 것들의 힘으로 공중이 자란다
　　　　　　　　　—「공중은 누구의 것인가」 부분


　김령 시인이 주목하는 것은 바로 현실적 삶을 구성하고
있음에도 불구하고 오히려 그 존재 자체를 부인당하는 고
통의 모습들이다. 어쩌면 우리는 끝내 그 고통의 원인을 알
아낼 수도, 그래서 해결한다고 약속할 수도 없을지 모르겠
지만, 그렇기에 더욱 우리의 삶과 분리되지 않은 채 꽉 껴안
은 모습 그대로의 고통 말이다. 그것은 이 작품에서처럼 "영
업 중, 임대합니다라는 팻말을/동시에 내건 가게"의 모습이
라고도 할 수 있고, "구치감"에 갇힌 채로도 "여기가 내 집
이라고 한 발짝도 움직이지 않겠다고" 말하는 결혼 이주 여
성의 모습과도 꼭 닮아 있다(「주황과 노랑 어디쯤」).
　그저 평범한 일상을 지낸다는 것은 어쩌면 주어진 일들을
감당하면서 그저 하루하루를 살아가기에도 때로는 벅찬 일

이다. 그 시간 속에서 우리는 "누군가 울고 있"는 소리에 대해
무감각한 것 또한 사실이다. '나' 역시 "숨어서 울고 있"는 한
사람이기도 하지만, 자신의 일상이 "행복한 건지 불행한 건
지" 도통 판단을 내릴 수 없기 때문이기도 하다. 그렇다면 우
리의 삶 자체가 그저 "숨"과 "울음"의 구별 없이 "토해 내"듯
내뱉어진 시간을 견디는 일일 수밖에 없을지도 모를 일이다.

  생각해 보면 문득 낯설어지는 우리의 삶에 대해 주목하고
있는 김령 시인이 이처럼 일상의 시간들에 가려진 죽음과 고
통에 주목하는 것은 희망이라는 단순한 해결책을 제시하기
위해서가 아니다. 그는 「헤이」에서처럼 "녹으면 드러날 수밖
에 없는 모서리들"에 대해서 "사랑하게 될까"를 언제나 고민
하고 있을 뿐이다. 시집 『성냥은 상냥과 다르지만』을 읽는 일
은 그렇게 평온해 보이는 우리 삶의 수면을 뚫고 위로 솟아오
른 것들 그러니까 "손가락 하나로도 무너질 수 있는" 것들(「모
년 모월 모시」), 또는 "시간도 공간도 아닌" 것들에 대한(「거기」) 김
령의 관심을 따라가 보는 것과 다르지 않다. 그렇다면, 만일
그렇다면 우리 역시 "모서리"를 사랑할 수 있게 될까. 같은 질
문에 우리보다 조금 먼저 도달한 시인의 대답은 이렇다.

  계획이나 다짐같이 각진 말들 말고 헤이, 우후 바람을 닮은
 말들을 데리고 휘파람 휘파람을 불면서

                                              ―「헤이」 부분